摩訶般若波羅蜜多心経

在菩薩行深般若波羅蜜多時照見五
空度一切苦厄舎利子色不異空空不
色即是空空即是色受想行識亦復如
子是諸法空相不生不滅不垢不浄
不増不減是故空中無色無受想行識無眼

過去、現在、未来におられる無数の仏たちは、智慧の完成の中に安心していることができて、この上ない正しいさとりの境地にはいられた。

故知《こち》般若波羅蜜多《はんにゃはらみった》　是大神呪《ぜだいじんしゅ》　是大明呪《ぜだいみょうしゅ》　是無上呪《ぜむじょうしゅ》　是無等等呪《ぜむとうどうしゅ》

知るべきである。智慧の完成とは、大いなる真言なのだ。さとりに至る真言であり、無上の真言であって、ほかにくらべることのできない真言なのである。

能除一切苦《のうじょいっさいく》　真実不虚《しんじつふこ》

あらゆる苦しみを取り除いてくれる。これこそ真実であって、偽りではない。

故説《こせつ》般若波羅蜜多呪《はんにゃはらみったしゅ》　即説呪曰《そくせつしゅわつ》

無上の真言は、智慧の完成によってこのように説かれた。

羯諦《ぎゃてい》　羯諦《ぎゃてい》　波羅羯諦《はらぎゃてい》　波羅僧羯諦《はらそうぎゃてい》　菩提薩婆訶《ぼうじそわか》

ゆこう、ゆこう、苦しみのまったくないところへ。みんな、幸せになろう。さあ、ゆこう。

般若心経《はんにゃしんぎょう》

ここに智慧は完成した。

小学館文庫

日本最古　隅寺版

紺地金泥

般若心経

監修　立松和平

小学館文庫

隅寺心経

隅寺《すみでら》とは、現在の奈良海龍王寺《かいりゅうおうじ》のこと。天平三（七三一）年、光明皇后《こうみょうこうごう》の発願によって建立された法華寺《ほっけじ》境内の角地に建てられたことから隅寺（角寺）の名があります。天平七（七三五）年に法相宗の僧玄昉《げんぼう》が膨大な経典を唐から持ち帰ると、光明皇后はこの隅寺を玄昉に与え、経典の転写を託します。こうして玄昉の主導のもと隅寺は我が国初の本格的な写経所として稼働を開始し、多くの経典を残しました。『隅寺心経』とはこの写経所で書写された「般若心経」を指し、三十余点が現存するといわれています。『隅寺心経』以前にも「般若心経」は存在したという説もありますが、日本仏教の創世期の気概と風格に満ちた記念碑的な経という意味でも、あえて日本最古と謳《うた》いました。

本書では海龍王寺に現存する『隅寺心経』をもとに、紺地に金泥で編集しました。原本は無地の料紙に墨書、その雰囲気は、巻頭に折り込みで付しました。写経をお望みの方はこの折り込みを、コピーで一七〇％に拡大してみてください。それが、ほぼ『隅寺心経』の原本の大きさです。

真言律宗 海龍王寺　奈良県奈良市法華寺北町897　TEL.0742-33-5765
【交通】近鉄新大宮駅より徒歩20分。近鉄西大寺駅、JR奈良駅よりバス10分

摩訶般若波羅蜜多心経

観自在菩薩

観《かん》自《じ》在《ざい》菩《ぼ》薩《さつ》

どんなことでも偏見や予断にとらわれず、自在に感じることができますか。自分の悩み苦しみばかりでなく、人の苦悩も感じなければなりません。人の苦しみの声を聞くことを観世音といいます。観自在菩薩と観世音菩薩は同じです。この菩薩がでてきたことで、般若心経は人の苦悩を除くための経典だとわかります。

行深般若波羅蜜多時

行深般若波羅蜜多時《ぎょうじんはんにゃはらみったじ》

「波羅蜜多（はらみった）」とは、古代インドのサンスクリット語の「パーラミター」を音訳したのです。「智慧の完成」というふうに訳しました。智慧といっても、テストができるとか、ちょっと頭が切れるとかいう小賢しいものではなく、生きていくうえで最も大切な見識とでもいうべきものです。真理を知る力のことです。

照見五蘊皆空

照見《しょうけん》五蘊《ごうん》皆《かい》空《くう》

観自在菩薩は、まずこの世の成り立ちを見つめました。すると、五つの集まりでできていることを認識したということです。物質的構成要素を色〔しき〕といいます。人の感受作用を受〔じゅ〕、表象作用を想〔そう〕、意志作用を行〔ぎょう〕、識別作用を識〔しき〕というのです。こうして基本を認識し、ここからダイナミックな論理が展開されます。

度一切苦厄

度《ど》一《いっ》切《さい》苦《く》厄《やく》

どうしてこの世の成り立ちを見つめるかというと、見つめるだけでは何も変わりようもなく、人の苦しみや災いを救うということがなければなりません。観自在菩薩、すなわち観音さんは、この世の苦しみから人を救おうと誓願したのです。苦しみの根は四苦、すなわち生老病死です。この苦しみは誰にも平等にあります。

舎利子

舎利子《しゃりし》

お釈迦さまの十大弟子の一人のシャーリプトラで、智慧第一とたたえられています。お釈迦さまの教えを合理的に整理し、誰にでもわかるように説きました。仏教の空観の真髄である般若心経が、お釈迦さまからシャーリプトラに説かれたということに意味があるのです。これは智慧の完成のための教えなのです。

色不異空空不異色

色《しき》不《ふ》異《い》空《くう》　空《くう》不《ふ》異《い》色《しき》

形のあるものは空〔くう〕に異〔こと〕ならずというのは、いつまでもその姿でいることはできないということです。岩でも風雨にけずられ、どんどん形を変えていき、ついには砂になってしまいます。永遠の命などというものはないのです。それなのに永遠に生きていたいと思ったりするものだから、そこから苦しみが生まれます。

色即是空空即是色

色《しき》即《そく》是《ぜ》空《くう》　空《くう》即《そく》是《ぜ》色《しき》

現象や姿形としてあらわれるもの、私たちが見たり感じたりするものは、すべてそもそもの原因（因）があり、それが条件（縁）によって現象や姿形になった結果としてそこにあるのです。しかも、条件は刻一刻変化していきます。絶対というものや、固定したものはそもそも存在しないというのが、般若心経の立場です。

受想行識

受《じゅ》想《そう》行《ぎょう》識《しき》

私たちの心のはたらきを四つに分けてあります。受とは感じること、想とは感情をつくること、行とは自分の意志をつくること、識とはそれらのはたらきを知ることです。もし心のはたらきを自由にコントロールできるのなら、憎しみや貪〔むさぼ〕りを超えて、どんなに素晴らしい人生を送ることができるでしょう。

亦復如是

亦復如是《やくぶにょぜ》

「かくのごとし」という意味です。心もまた実体がないものであり、実体がないものが心なのです。そうではあるのですが、心にもとづいてすべては決定され、心にもとづいてすべてはつくられるのです。心も空なのですから、固定されたものはないというのが、般若心経の立場です。

舎利子

舎利子《しゃりし》

後に智慧第一と呼ばれる舎利子は、親友である目連（モッガラーナ）といっしょに、お釈迦さまに帰依しました。舎利子は静かな瞑想の暮らしを好み、師のかわりに説法をしたとされています。この二人はお釈迦さまより早く、ほとんど同時に入滅しますが、師の入滅を見たくなかったからそうしたのだといわれています。

是諸法空相

是《ぜ》諸《しょ》法《ほう》空《くう》相《そう》

この世においては存在するすべてに実体がないのだから、人は一箇所にとどまってはいません。喜びも時の流れとともに消えてしまうのです。悲しみも時が忘れさせてくれます。たえず新しい時が生まれ、生まれたとたん消えていくのです。だからこそ、この瞬間瞬間を一生懸命に生きていかねばならないということです。

不生不滅

不《ふ》生《しょう》不《ふ》滅《めつ》

生と死とが人生で最大の出来事です。人はどんなに長生きしたところで必ず死を迎え、死ぬのはもちろんそこまで生きてきたからです。生を離れた死はないし、死を離れた生はありません。生も死もお互いの関係の中から生まれてくるのですから、生と死だけのそれぞれ切り離された実体はありません。

不垢不浄

不《ふ》垢《く》不《ふ》浄《じょう》

きれいとか汚いということは、すべて人の心が決めるもので、きれい汚いの実体があるわけではありません。例題としてよく使われるのが、小便をいれたコップを煮沸消毒し、汚れを完全に拭〔ぬぐ〕い去ってからビールをつぐとします。知っていればビールは飲めません。コップを汚いと決めるのは、人の心だということです。

不増不減

不《ふ》増《ぞう》不《ふ》減《げん》

隅寺心経では「不増不減」、解説では「不増不減」。どちらが正しいの？　答えは巻末にあります。

何かが増えたり減ったりするたび一喜一憂するのが、私たちの実際の暮らしです。たとえばここに千円があったとして、千円もあると喜ぶ人と、千円しかないと悲しむ人がいます。この世は空ですから、そのことで何も変わっていないのに、千円を心がどう感じるかによって、幸福にもなれば不幸にもなるのです。

是故空中無色

是《ぜ》故《こ》空《くう》中《ちゅう》無《む》色《しき》

空には形ある存在がないのですから、人を愛したり憎んだり、物を貪ったりする心が生じるその根本の煩悩や、そのもっと本質であるところの無明には、誰にもわかる形があるというような実体はないのです。すべて関係の中から生じてくるのですが、実体もないものにとらわれることはないのです。

無受想行識

無《む》受《じゅ》想《そう》行《ぎょう》識《しき》

受想行識がないということは、すなわち心という実体はないということです。ある人が大成功をとげたとして、その出来事は一つなのに、ある人は嬉しく、ある人は悔しく感じます。心というものは絶対的に固定されているのではなく、立場によって感じ方がまったく変わるように、いつも揺れ動いているのです。

無眼耳鼻舌身意

無《む》眼《げん》耳《に》鼻《び》舌《ぜっ》身《しん》意《い》

私たちは眼と耳と鼻と舌と体と心とを使って、この世の成り立ちやらさまざまな現象を認識します。その感覚器官は一定ではなく、その時の条件でいつも揺れ動いていています。正しい判断をしたとしても、条件が変わるともう正しいとはいえません。感覚器官で認識したものだけにとらわれてはいけないということです。

無色聲香味觸法

無《む》色《しき》声《しょう》香《こう》味《み》触《そく》法《ほう》

色声香味触とは、眼耳鼻舌身意の六根が感じる対象のことです。六根の感覚器官がなければ、もちろん感じる対象もありません。自分が感じたことだけを正しいと思い込み、その価値観を人に押しつける人が時々ありますが、それは自分への執着によるこだわりです。執着を捨てることからすべてははじまると、この経は説いています。

無眼界

無《む》眼《げん》界《かい》

目で見て認識することは、私たちが生きていくうえでまことに大きいと感じられるのですが、実はそんな世界はないのだといっています。目で見えることが絶対であるはずはありません。相手を憎んでいれば醜いと見え、愛していれば美しいとも見えるのです。自分の目でさえもこだわってはいけないということです。

乃至無意識界

乃至《ないし》無意識界《むいしきかい》

人はなかなか自分を捨てられるものではありません。大体において、人は自分の立場からものごとを見るものです。自分の立場とは、どうしても自分を守ろうとするのであって、そこに執着が生まれます。そこからすべての煩悩が発生するのです。空の根源的な意味は、執着を離れるという意味なのです。

無無明

無《む》無《む》明《みょう》

すべての迷いや苦しみは無明から生じています。この無明はどうにも深く、どうにも暗くて、どうやってもてこでも動きません。無明のある場所は大体わかっているのですが、それを感じようとするとわからなくなります。苦悩の震源地の無明など、よくよく思索するならどこにも存在しないのだと、般若心経はいっているのです。

亦無無明盡

亦《やく》無《む》無《む》明《みょう》尽《じん》

無明はないのではあるが、無明がなくなるということもないというのは、すべてが空であるというところからいえるのです。無明がなくなったらさとりの境地となりますが、そもそも無明はないのですから、ないものをなくしてもさとりは得られないという理屈になります。さとりにひきずられるなということです。

乃至無老死

乃《ない》至《し》無《む》老《ろう》死《し》

老いも死もないと知ることは、老いや死についてまわる苦しみを消すことができるということです。老いは体が弱りますが、弱った体力で若者と同じように行動しようとするから苦しいのであって、老人には人生経験豊かな滋味深い楽しみがあるはずです。死があるからこそ、生も充実するはずなのです。

亦無老死盡

亦《やく》無《む》老《ろう》死《し》尽《じん》

老いや死にとらわれなくなれば、そこには充実した時間があるということです。若いというほうに絶対的な価値を置けば、老いとは苦しみでしかなくなってしまいます。お釈迦さまは八十歳の弱った老体で最後の旅をし、最後の最後まで道を説き、死が苦しいなどと一言もおっしゃらず、これで修行が完成すると喜んで入滅されました。

無苦集滅道

無《む》苦《く》集《しゅう》滅《めつ》道《どう》

四つの真理である四諦〔したい〕とは、苦しみを知り、苦しみの成り立ちを見て、苦しみを乗り越え、苦しみを消してしまうということです。しかし、そうすることにこだわり過ぎると、むしろコントロールできなくなって、苦しみが湧〔わ〕き上がってきます。空の世界観の前では、苦ということは人の心が呼び寄せた実体のないものなのです。

無智亦無得

無《む》智《ち》亦《やく》無《む》得《とく》

苦しみを知ることもないし、苦しみを得ることもないというのは、そもそも苦しみが生まれてくるところを見れば、よく理解できるでしょう。苦悩とは、心の奥に染みついて離れず心そのものを動かす無明から、発生するのです。無明など本来存在せず、人の執着する心が無明をつくってしまうのです。

以無所得故

以《い》無《む》所《しょ》得《とく》故《こ》

得ることがないからこそというのは、たとえば坐禅〔ざぜん〕をつづけて何かをさとったような気分になることがありますが、実は何も得ていないということなのです。そもそも、得る何ものかなどありません。禅ではそれをとらわれる心という意味で、魔心〔ましん〕といいます。空とは邪念などはいりようもない世界なのです。

菩提薩埵

菩提薩埵《ぼだいさった》

菩提薩埵はサンスクリット語のボーディサッタの音訳で、仏のこのうえないさとりを求めて修行する人のことです。自分の修行をする自利と、他人を救っていく利他と、この二つの行をする人を菩提薩埵といい、これを短くして菩薩といいます。発心即菩提というように、仏の道を歩きはじめた人はすべて菩薩です。

依般若波羅蜜多故

依《え》般《はん》若《にゃ》波《は》羅《ら》蜜《みっ》多《た》故《こ》

「般若波羅蜜多に依〔よ〕るが故〔ゆえ〕に」とは、仏の智慧の中にいる安心な心の状態をいっているのです。つい目先のことに気持ちを奪われ、つい欲望に負けてしまう私たちにとって、智慧の完成など簡単なこととはとても思えません。それでも智慧というものを知り、智慧を説く般若心経を唱えれば、智慧に一歩近づくのです。

心無罣礙

心《しん》無《む》罣《けい》礙《げ》

心にこだわりを持たないという、菩薩の心を語っています。こだわらないとは、自分の心がつくり上げた執着に束縛されないことで、この心境になればすべてに対して自由自在です。競争を原則とする社会に生きている私たちには、こだわりの心を捨てることは難しいのですが、空っぽになれたら本当に自由になれます。

無罣礙故

無《む》罣《けい》礙《げ》故《こ》

心にこだわりを持たないが故に、という意味です。執着がなければ、とらわれもなく、苦しみが湧いてくることはないということです。こだわっていると、たとえば愛する人が心変わりをした時、愛が反転して憎悪になります。愛が深ければ深いほど、憎悪の激しさは増してきます。こだわりも無明でしょう。

無有恐怖

無《む》有《う》恐《く》怖《ふ》

心がこだわらなければ、恐怖〔くふ〕はやってきません。この頃災難を受けることが多いからお祓〔はら〕いをやって欲しいと親戚の人より頼まれた良寛は、災難を受ける時には受けるがよろしいとさとしたそうです。それが災難の被害を最も小さくする方法です。小さな災難を受けていたほうが、結局は無事です。

遠離一切顛倒夢想

遠離《おんり》一切《いっさい》顛倒《てんどう》夢想《むそう》

正しいことを悪いとみなし、悪いことを正しいとみなすのが顛倒で、そのような誤った考えは夢のごとくむなしいので、そこから離れなさいということです。たとえば愛には、自分はこんなに愛したのだから相手からも愛してほしいと、代償を求める執着があります。慈悲は、まったく相手から見返りを求めません。

究竟涅槃

究竟涅槃《くきょうねはん》

慈悲ということが、仏の愛なのです。相手にへりくだったり、自分に従属させたり、お互いにへつらう関係の中からは、このうえなく平安な境地には到ることはできません。正しい判断にもとづいた行動をすれば、迷いのない絶対安心の境地をきわめつくすことができる、すなわちこのうえない境地にはいることができるということです。

三世諸佛

三《さん》世《ぜ》諸《しょ》仏《ぶつ》

過去は過ぎ去ってすでに見えないのではなく、未来はいまだやってこずに存在しないのではなく、この現在の中にすべて現れているのです。私の前には、過去と現在と未来にわたるすべてのことが、真理となって流れているのですが、なかなかそれを見ることができないのです。私たちの前には実にすべてがあるのです。

般若波羅蜜多故

依《え》般《はん》若《にゃ》波《は》羅《ら》蜜《みっ》多《た》故《こ》

「般若（はんにゃ）」とは古代インド語の「パンナ」で、真実の生命に目覚めた時に得ることのできる根源的な叡智（えいち）ということです。すべてのものごとの真理が、この経典に説かれている空（くう）ということなのです。私たちの人生では、この空の認識をもってすれば、苦しみ悩みも乗り越えることができるのです。

得阿耨多羅三藐三菩提

得《とく》阿《あ》耨《のく》多《た》羅《ら》三《さん》藐《みゃく》三《さん》菩《ぼ》提《だい》

　サンスクリット語の「アヌッタラーサミヤックサムボーディ」を漢字で書くと、阿耨多羅三藐三菩提となるのです。ふさわしい言葉がないので、そのまま音訳したのです。ひらたくいえば「このうえない正しいさとりの境地」ということになります。仏の智慧とは、あまりにも微妙で崇高で、言葉が追いつきません。

故知般若波羅蜜多

故《こ》知《ち》般《はん》若《にゃ》波《は》羅《ら》蜜《みっ》多《た》

「故に知るべし、般若波羅蜜多は」ということで、これから智慧の完成はどのように表現され、どのような効用があるかが説かれます。すなわち、あまりに微妙で不可思議で、私たち凡人にはなかなかに計り知れないものであるということなのです。頭で理解しようとしても、限界があるということです。

是大神呪

是《ぜ》大《だい》神《じん》呪《しゅ》

大いなる真言（しんごん）こそが、智慧の完成ということです。如来の真実の言葉であるから真言というのです。不思議な霊力をあらわす言葉を、古代インド語ではマントラといい、漢訳されて「呪（しゅ）」や「真言」とされました。仏教が確立する以前の世界では、宗教の儀式の際に歌われる神歌のことでした。

是大明呪

是大明呪《ぜだいみょうしゅ》

「明」というのは、もちろん明るいということで、ものごとの真理がよく見通せ、やがてはさとりを得るというような意味に使われています。智慧の完成の光が、苦しみや悩みや迷いを生みだす根源である無明に射し込むと、やがて闇〔やみ〕が流れだしていき、無明も消えるというような意味です。苦悩の根源が消滅するということです。

是無上呪

是《ぜ》無《む》上《じょう》呪《しゅ》

般若波羅蜜多の六つの文字は、この世においてほかとくらべることのできない、このうえない真実の言葉であるということです。「はんにゃはらみつた、はんにゃはらみつた」と、私たちはいつでも唱えているべきです。人の思想というものは、いつの時代も言葉によって伝えられてきたのです。最高の言葉が真言なのです。

是無等等呪

是《ぜ》無《む》等《とう》等《どう》呪《しゅ》

これこそほかとくらべることのできない真言であるということです。たった二六二文字の、掌〔てのひら〕の中にはいってしまうような般若心経なのですが、実はこの宇宙のすべてをいいつくしてしまうほど深奥な哲理なのです。その哲理の山脈の頂に、とうとう私たちは立ったということなのです。

能除一切苦

能《のう》除《じょ》一《いっ》切《さい》苦《く》

このように智慧を完成させれば、すべての苦しみをよく取り除いてくれるのです。人はたいてい誰でも、いうにいわれぬ苦悩を抱えているものです。その苦悩から逃げたり、考えないようにしたのでは、いつまでも苦しみはつづきます。この苦しみが湧く根源を探って、苦しみの原因を消さねばなりません。

真實不虚

真実不虚《しんじつふこ》

人の意見をたくさん聞いたとして、どの意見も真実だとおのおのがいい立てたら、私たちは迷うばかりです。真実の教えというものは、本来はたったひとつしかないはずです。それはつまり、世の中の真実を正確に余すところなくとらえた言葉です。般若心経とは、世の中の中心の中心をとらえた教えなのです。

故説般若波羅蜜多呪

故《こ》説《せつ》般《はん》若《にゃ》波《は》羅《ら》蜜《みっ》多《た》呪《しゅ》

無上の真言は、智慧の完成によってこのように説かれたという意味です。仏教の認識、ことに般若心経の空観による認識は、世の中の成り立ちを考えるうえでまことに魅力的です。そうではあるのですが、仏の教えは単なる認識論ではありません。その中心に人生をよりよく生きるための道、すなわち信がなければならないのです。

即説呪曰

即説呪曰《そくせっしゅわっ》

すなわち呪を説いていわく。さあここでその真言をいいますよという意味です。ここまで文章を書いてきた私も、読んできてくださったみなさんも、この世の真実を知るための菩薩の修行をしてきたのです。書いてみて、はっきりとわかるということがあるものです。写経とは、菩薩の修行を何度でもすることです。

掲諦掲諦

羯諦《ぎゃてい》 羯諦《ぎゃてい》

ここまで、どちらかというと頭で考え、頭で受けとめてきたところがあるかもしれません。しかし、ここから先は真言の不思議な力に身をまかせるのです。身と心とで、力一杯唱えるのですよ。ギャテー、ギャテーとは、「いける者よ、いける者よ」という意味です。

波羅揭諦

波《は》羅《ら》羯《ぎゃ》諦《てい》

波羅とはもちろん般若波羅蜜多のことで、「智慧の完成へいける者よ」という意味です。そこにいけばどんな気持ちになるかという自分の期待を込めて、私は「苦しみのまったくないところへ」と勢いよくしました。この文章を書くのは私にとって写経をすることと同じだと感じました。いい修行ができました。

波羅僧羯諦　菩提莎婆訶

波《は》羅《ら》僧《そう》羯《ぎゃ》諦《てい》　菩《ぼう》提《じ》薩《そ》婆《わ》訶《か》

「パーラサンギャテー　ボーディ　スヴァーハー」。私は率直に唱えることができます。「智慧の完成へいける者よ、あなたに幸福が訪れますように」という意味なのですが、私はこれからの人生を元気に歩んでいくために、少々異訳をさせていただきました。

「みんな、幸せになろう。さあ、ゆこう」

般若心経

般若《はんにゃ》心経《しんぎょう》

なんだかいい気持ちになってきました。般若心経には微妙で不思議な力があることは間違いありません。ここまで読んでこられた人は、私のいうことを実感されたはずです。これまでガンジス河の砂の数よりも多い、数えることもできない人々がしてきたと同じように、般若心経を声にだして読みつづけましょう。

般若心経 問答集

『般若心経』はお釈迦様の教えの流れを受け継いだ新たな教えのひとつです。日本ではその内容の面白さと経文の短さも影響して、数あるお経のなかでもっとも親しまれています。

ここでは、その『般若心経』がどのようなお経で、どのように日本に広まっていったのかを知るための、五つの問答をご紹介します。

問答1 『般若心経』は仏教のバイブル？

問答2 ほとんどの宗派で『般若心経』を読経するのはなぜでしょう？

問答3 『般若心経』はどのようにして成立したお経なのでしょうか？

問答4 二六二文字の『般若心経』はどのように日本に広がったのでしょう？

問答5 さまざまな経題の『般若心経』があるのはなぜですか？

問答1

『般若心経』は仏教のバイブル？

牧師さんにバイブル（聖書）、お坊さんにお経はつきものですが、バイブルとお経には決定的な違いがあります。キリスト教がすべての教えを一冊の『聖書』に集約しているのに対し、仏教は一巻のお経にすべての教えを集約できない、これがもっとも大きな違いです。

なぜ仏教はすべての教えを一巻のお経や一冊の本に集約できないのでしょうか。それは仏教には八万四〇〇〇の法門（教え）があると説かれているからです。実際にそれだけの数があるかは定かではありませんが、『大蔵経』に収められているだけでも、お釈迦様が直接説いた教えと、仏滅後に弟子たちがその教えを独自に解釈して説いた新しい教えは一万二〇〇〇近くもあります。また今日ある各宗派は仏教の特定のお経を重視し、その注釈的お経が新たに数多く書かれているため、『聖書』のように一つにまとめることはできないのです。

しかしながら、宗派を超えて読経《どきょう》されているお経がひとつだけあります。それが『般若心経』です。厳密にいうと、『般若心経』の呪術性を嫌った浄土真宗だけは全く唱えませんが、浄土宗のように表向きは読経しない宗派も僧侶が食事や僧衣を着る際には必ず唱えるそうで、ほとんどの宗派では勤行《ごんぎょう》や法要はもちろん、さまざまな場面で『般若心経』を読経しています。また「仏教はよくわからないが『般若心経』の読経、写経はする」という〝心経信仰〟も昔から数多く存在し、『般若心経』は今日ももっとも馴染《なじ》みの深いお経として知られています。

「仏教のバイブル」というものは存在しませんが、その認知度やその教えの大きさを考慮すると『般若心経』がもっとも近いお経といえるはずです。

問答2

ほとんどの宗派で『般若心経』を読経するのはなぜでしょう？

日本の仏教はいくつかの宗派に分かれていますが、もともと仏教に宗派というものは存在しませんでした。お釈迦さまが生存されていた時代には「お釈迦さまが直接説いた思想」しか存在しなかったのです。

しかし、お釈迦さまが亡くなられると、時代の流れや環境の変化に応じて仏教の教えはさまざまな解釈がされるようになり、そこから次々と新たな解釈の教えが生まれ、その教えを尊重する集団が形成されるようになりました。

こうして誕生した新たな仏教集団を思想的に分類したものを「宗」（真言宗や浄土宗など）、その宗内で分派したものを「派」（真言宗東寺派、醍醐《だいご》派など）と表し、仏教思想の異なる集団を総称して「宗派」と呼ぶようになったようです。

日本に宗派が登場したのは奈良時代（飛鳥時代）で、三論《さんろん》宗、成実《じょうじつ》宗、法相《ほっそう》宗、倶舎《くしゃ》宗、華厳《けごん》宗、律《りつ》宗で構成された「南都六宗」が朝廷から公認されました。この南都六宗は今日あるような信仰を中心とした仏教集団というよりも、仏教をあくまでも学問として学んでいた朝廷お抱えの学僧集団ですが、これが日本の宗派のはじめとされています。当時の宗派はそれぞれ、衆生救済《しゅじょうさい》よりも、主に天皇や朝廷の無事平安と鎮護国家を願う政治的役割を果たしていました。

『般若心経』が日本へ渡来したのはちょうどこの頃で、南都六宗はその呪術的霊力に注目し、すぐに鎮護国家の法要で読経したそうです。これがしだいに天皇の誕生日などの国家的行事でも読経されるようになり、やがて法要や行事には欠かせないお経となっていきました。

しかし、今日のようにほとんどの宗派が『般若心経』を読経するようになったのはこの南都六宗の影響ではなく、平安時代に登場した空海と最澄の功績といえます。

真言宗の開祖である空海は、『般若心経』を真言（呪文）と明言し、その呪術的霊力をはじめて衆生へ知らしめた存在といっても過言ではありません。自らの著書『般若心経秘鍵《ひけん》』でその解釈の仕方を記しただけでなく、実際にさまざまな場所で『般若心経』を読経し、衆生救済を行ったという逸話が数多く残されています。

空海のこうした行動が『般若心経』を民衆へ浸透させていき、今日に繋《つな》がっているというわけです。現在の真言宗は教義解釈の違いで多くの流派に分かれていますが、空海の意志は脈々と受け継がれており、『般若心経』はすべての流派で読まれています。

天台宗の開祖である最澄も、『般若心経』を民衆へ広めたひとりです。最澄は天皇や朝廷に庇護《ひご》されたエリート僧侶であったため、空海のように自ら民衆へ歩み寄ることはほとんどありませんでした。が、比叡山《ひえいざん》に仏教の修行道場を開き、そこで天台宗の教えとともに率先して『般若心経』の教えを伝え、僧侶たちを育成しました。

禅宗をはじめ今日の日本の仏教を支えている宗派の大半は、鎌倉時代に比叡山で修行をした僧侶が開祖となって誕生した宗派であり、その宗派のほとんどが『般若心経』を読経するのは、いわば最澄の影響なのです。

このように、空海が『般若心経』の呪術的性質をより実践的に使い、また最澄は仏教の布教活動に不可欠な教えとして弟子たちへ伝えたことが、後世に多大な影響を与え、現存する宗派のほとんどが『般若心経』を読誦《どくじゅ》しているのです。

問答3

『般若心経』はどのようにして成立したお経なのでしょうか？

『般若心経』は、大乗仏教の中心的思想のひとつである「般若思想」を説いた『般若経』という大経典群をもとに、インドでつくられたお経です。「般若思想」とは、簡単にいうとお釈迦さまが悟りを開いて獲得した〝仏陀《ぶつだ》になるための智慧〟を体系的にまとめた思想で、数百年という長い年月をかけて成立したといわれています。『般若経』はこの般若思想を数百年のあいだに書き足していったお経であるため、後に玄奘《げんじょう》が『大般若経』（正確には『大般若波羅蜜多経』）として漢訳した際には六百巻にも及ぶ大教典になったのです。

『般若心経』はこうして成立した『般若経』をもとに新たにつくられたお経ですが、このお経が成立していく過程には大乗仏教ならではの考え方が大きく影響を与えています。

ちなみに、大乗仏教は在家信者を中心とした仏教で、小乗仏教のように出家至上主義ではありません。また大乗仏教のお経は単なる教えを伝える教科書ではなく、その内容を理解しなくても読経や写経をするだけで功徳が得られると教えています。このようにお経自体に権威を持たせるようになったのは、出家者のように日常的に仏道修行ができない在家信者を救うための大乗仏教ならではの教えであり、その教えに密教的要素が取り入れられるようになってから色濃く説かれるようになったといわれています。

『般若経』はそうした大乗経典の中でも、絶大な功徳と呪術的霊力を持つお経として位置付けられていました。

しかし、『般若経』は僧侶ですら全巻を読経するには数日を要するほど膨大なお経で、生業を持つ在家信者が読経や写経を行うのは実質的に不可能でした。つまり、実際に在家信者が『般若経』の功徳を得るには、経文をそのまま読み書きするのではなく、かなり抜粋しなければならなかったのです。

そこで大乗仏教の僧侶たちは「『般若経』のすべてを読まなくても、その主要な部分だけを抜粋して読めば、同じ功徳が得られる」と説くようになり、やがて『般若経』は抜粋読みで読経されるようになりました。

こうした抜粋読みが長年の間繰り返されていくうちに『般若経』から抜粋される言葉が徐々に固定され、つくり上げられたのが、二六二文字の『般若心経』だというのが、もっとも一般的な説です。

問答4

二六二文字の『般若心経』はどのように日本に広がったのでしょう？

『大日本古文書』という最古の文献に「天平三（七三一）年、心経を内裏に進上」という記述があり、歴史的には日本へ最初に伝えられた『般若心経』とされています。これは聖武天皇に進上されたもので、日本ではこのときはじめて「『般若心経』は呪術的霊力を持つお経」として紹介されたようです。

ちなみに、日本に初めて『般若心経』を持ち帰ったのは、遣唐使として唐へ渡り、晩年の玄奘三蔵法師に師事した後、帰国して法相宗をもたらした道昭という説がありますが、道昭が玄奘に師事したという史実からの推測に過ぎず、彼が『般若心経』を持ち帰った明確な証拠は残されていません。

聖武天皇はすぐに勅令を出して、「心経会」という『般若心経』を読む法要を営み、『般若心経』を「攘災《じょうさい》招福を祈るためのお経」として位置づけました。

そして以後、歴代天皇の誕生日をはじめ、さまざまな国家的行事として行う法要などでも一斉に読経するようになり、鎮護国家を願うためには欠かせないお経となりました。

こうして国家から日本の民衆へと『般若心経』は急速に広がっていくわけですが、その大きなきっかけをつくったのは玄昉《げんぼう》といわれています。先にも述べたように、平安時代の空海と最澄が『般若心経』を日本中へ広めた貢献者とされていますが、民衆へ広めるきっかけをつくったのは玄昉の功績によるところが大きいのです。

玄昉は、皇族から絶大な支援を受けて、霊亀《れいき》二（七一六）年に入唐して仏教を学び、天平八（七三六）年に帰国して僧正となった僧侶です。彼は帰国するとすぐに宮中で般若心経信仰を奨励して、その教義を説き、時の天皇たちはその影響を受けて般若心経信仰に帰依《きえ》しました。そして、『般若心経』を普及させるようにと海龍王寺《かいりゅうおうじ》（隅寺《すみでら》）を玄昉に与え、経典の大量造経を命じたのです。

こうして、玄昉によって海龍王寺で造経された『般若心経』が今日〝隅寺心経〟と呼ばれるもので、これが全国へ流布され、日本の大衆に般若心経信仰が急速に広まっていったのです。

現在も写経の手本として使われているのはこの隅寺心経が多く、本書もこれに依りました。海龍王寺で玄昉が行った大量造経がいかに『般若心経』の普及に役立ったのかを今も物語っています。

つまり、『般若心経』は日本仏教の新たな歯車となり、インド・中国を経て渡来した仏教が鎮護国家の宗教として日本に完全に定着し、やがて民衆救済の宗教として広く発展を遂げていくための重要な役割を果たしたのです。

問答5 さまざまな経題の『般若心経』があるのはなぜですか？

日本の『般若心経』の経題は、『摩訶般若波羅蜜多心経』や「仏説」がついた『仏説摩訶般若波羅蜜多心経』、あるいはシンプルな『心経』とさまざまなものがあります。このように経題がバラバラなのは日本だけの特徴で、奈良時代に急速に広まった心経信仰の影響といわれています。

日本へ伝来した『般若心経』は玄昉の布教により、ときの権力者たちの間で、〝呪術的霊力を持つお経〟として信仰が広まり、大量に造経されたといわれています。ただし、造経された一巻は現在のような一紙ではなく、二十五紙ないし三十紙を一巻としていました。つまり、同じ『般若心経』の経文が書かれた二十五紙（あるいは三十紙）を一つにまとめ、それを一巻の願経として造経していたのです。

でも、一紙で収まる『般若心経』を、どうして何十紙も重ねて一巻としたのでしょうか？

それは『般若心経』が成立した時代の大乗仏教の教えが、現世利益《りやく》を重視する密教的要素を色濃く取り入れるようになったことと密接なつながりがあります。仏教の教えを学ぶために行われていた読経や写経が、その行為自体に邪気を払ったり、死者の追悼をしたり、あるいは病気平癒《へいゆ》など呪術的霊力を持つと説かれるようになったのです。

そこで、大乗仏教の核心的教えが説かれた『般若経』のエッセンスを内容にしながらその経文が非常に短く、読経や写経を簡単に行える『般若心経』は、経文自体にもっとも呪術的霊力があるとされ、一巻のなかにこの経文が多ければ多いほど、効力が強くなると考えられたのです。

当時は手書きですから、一巻を造経するだけでもかなり手間のかかる作業だったことはいうまでもありません。それを大量に造経したことが、実は日本の『般若心経』にさまざまな経題を生む要因となったのです。

このころの造経方法は、第一紙に正確な経題として『仏説摩訶般若波羅蜜多心経』と書きますが、第二紙以降の経題は『心経』と省略し、経文の終わりに書く尾題も第二紙以降は記入しなかったのです。そして、第三紙以降も一紙ごとにこうした規則をつくり、経題と尾題を記入したり省略したりして造経していたのです。

このようにして大量に造経されたお経一巻一巻が広く各地へ伝わり、それが後年になって一紙一巻に分けられて写経や読経の手本として使われるようになったため、日本には経題の異なった『般若心経』が存在するというわけです。

良薬としての般若心経

立松和平

一見いかにも満ち足りていて、幸福そうであっても、たいていい人は苦しみを持っているものだ。他人にはうかがい知ることのできない悩みを抱いているものだ。私自身もそうなのだから、そのことを断言してもよい。

個人的な人間関係ばかりでなく、人生そのものが矛盾に満ちているためにに、生きることが苦しいのである。たとえば生と死とはまったく反対のことなのに、生きていれば必ず死が待っている。死というものは、生というものがなくては存在しない。まったく正反対のものが同居しているからこそ、その矛盾で人生は苦しいのだ。会うということと、別れということは正反対なのに、会うが別れのはじめなりということになる。会わなければ別れもないのだから、それなら会わなければいいではないかと論理上はなるのだが、実人生では人が人を求めないでいることはできない。自分一人だけでは人生の荒波を越えることはできないのである。

どのようにしていても、生きているかぎり苦しみは湧いてくる根本の原因があり、幾つもの条件によって形づくられるという因果律から見るなら、生活を送る私たちは毎日毎日因果の種を蒔《ま》いているということになる。しかも、同じ時は二度はなくて、今のこの時間はたちまち消えていき、因果によってつくられた時が後から後からやってくる。これを無常というのだが、鎌倉時代の人は、無常ということを考えると居ても立ってもいられなくなると書き残した。

考えすぎるから、人生が恐ろしいように感じてしまう。考えても考えなくても人生の時は流れていくのだから、考えないようにすればいいではないかという人がいる。意識してか、もとよりまったく考えないのか、この世を成り立たせる真理について思いを致さないほうが、日々幸福に生きていけるとしている人々がいる。しかし、そんな人々にも因果は容赦なくめぐりきたって、幸福にあるいは不幸に導くのである。真理は誰にも分けへだてなく働くのだから、その働きについて知ったほうがよい。いや積極的に知るべきであるというのが、般若心経の立場なのである。

この世の成り立ちに苦しむ人々にとって、般若心経は最高の良薬である。苦しみについて、そんなものはそもそも存在しないと説いているのだ。火種である因があり、その火を燃え上がらせるために縁としての薪をほうり込むから、あんなにも苦しみの炎が立ち騒ぐのである。それならその縁をしずめる方法はあるのだし、因も消滅させてしまうことができる。すべては空なのだから、苦しみは自分の心がつくり出したにすぎないのだと、般若心経は説いてくれる。般若心経はまさに心によく効く良薬なのである。

般若心経の一字一句と向きあってきた私は、この後記を書くにあたり、気分が実に爽快《そうかい》になってきたのである。私は般若心経を深く体験したと語って、ペンを置く。

「不増不滅」は般若心経の原本『般若経』六百巻の精髄を伝えるための写経の工夫

本書の中でも解説していますが、『般若心経』はもともと六百巻にも及ぶ『般若経』をたった二六二文字に短くまとめたお経です。

そして『般若心経』では〝……不○不○、……〟の部分が〝不生不滅、不垢不浄、不増不減〟の三つしか書かれていませんが、実は『般若経』では〝……不生不滅、不垢不浄、不増不減、不○不○、不○不○、……〟という言葉がいくつも長く書かれているのです。

つまり、『般若心経』の〝不生不滅、不垢不浄、不増不減〟は省略されているのです。

まず、それを理解していただいた上で説明をつづけますと、

〝不減（ふげん）〟という仏教用語の意味は「減らないこと」という意味しかありません。

一方、〝不滅（ふめつ）〟という仏教用語の意味は、仏教用語辞書によると四つあります。

①すべての存在するものは根源的に空で、滅することもないという意。

②滅するはたらきを離れた意。

③消えないもの。
④絶対の滅、全体滅ばかりで、生に対するものがないこと。
『般若心経』で使われている〝不生不滅〟の部分だけを見ると、その意味は③でも間違いではありませんが、正解は①になります。

つまり、〝不滅〟には、〝不滅＝空〟という意味があるわけです。

ですから、この『隅寺心経』の〝不増不滅〟を〝不増不滅〟と表しているのは、間違いではありません。（〝不生不滅〟の〝滅〟の字を写し間違えたのではありません）

なぜなら、原本の『般若経』は〝不増不滅〟の後に〝不〇不〇、不〇不〇……〟が続くわけですが、『般若心経』は文字数の制約があるためそれ以上書けないからです。そこで、この隅寺心経を書いた僧侶は書けない部分の〝不〇不〇、不〇不〇……〟を全て〝空〟であることを端的に表現するため、〝不滅〟ではなく、あえて〝不滅〟を用いたと思われます。

ちなみに、同じ『隅寺心経』でも、〝不滅〟と書かれたものがあります。どちらが古いのかは定かではありません。それ以前に中国で書き写された古い『般若心経』も〝不滅〟を〝不滅〟と書いているものもありますが、いつ誰がこう書きはじめたのかは不明です。

―――本書のプロフィール―――

本書は「隅寺心経」をもとに新しく解説を加え、編集・構成したオリジナル作品です。

小学館文庫

日本最古《にほんさいこ》　隅寺版《すみでらばん》
紺地金泥般若心経《こんじきんでいはんにゃしんぎょう》

監修　立松和平《たてまつわへい》

二〇〇二年一月一日　初版第一刷発行
二〇一八年四月七日　第十四刷発行

発行人　菅原朝也
発行所　株式会社　小学館
〒一〇一-八〇〇一
東京都千代田区一ッ橋二-三-一
電話　編集〇三-三二三〇-五八一〇
　　　販売〇三-五二八一-三五五五
印刷所――――文唱堂印刷株式会社

この文庫の詳しい内容はインターネットで24時間ご覧になれます。
小学館公式ホームページ　http://www.shogakukan.co.jp

ISBN4-09-417861-9